COMPTE-RENDU

DE

CENT QUATRE-VINGT-CINQ

OPÉRATIONS DE STRABISME,

Pratiquées à Nancy

PAR C. J. F. CARRON DU VILLARDS,

Docteur-Médecin, Oculiste et Directeur de l'Institut Ophtalmique de Paris, etc., etc.;

RECUEILLIES ET OBSERVÉES

PAR L. PAUL, D.-M.

> Les faits bien observés sont la seule puissance en crédit.

METZ,

CHEZ L'AUTEUR, RUE DE L'ESPLANADE, 8.

1842.

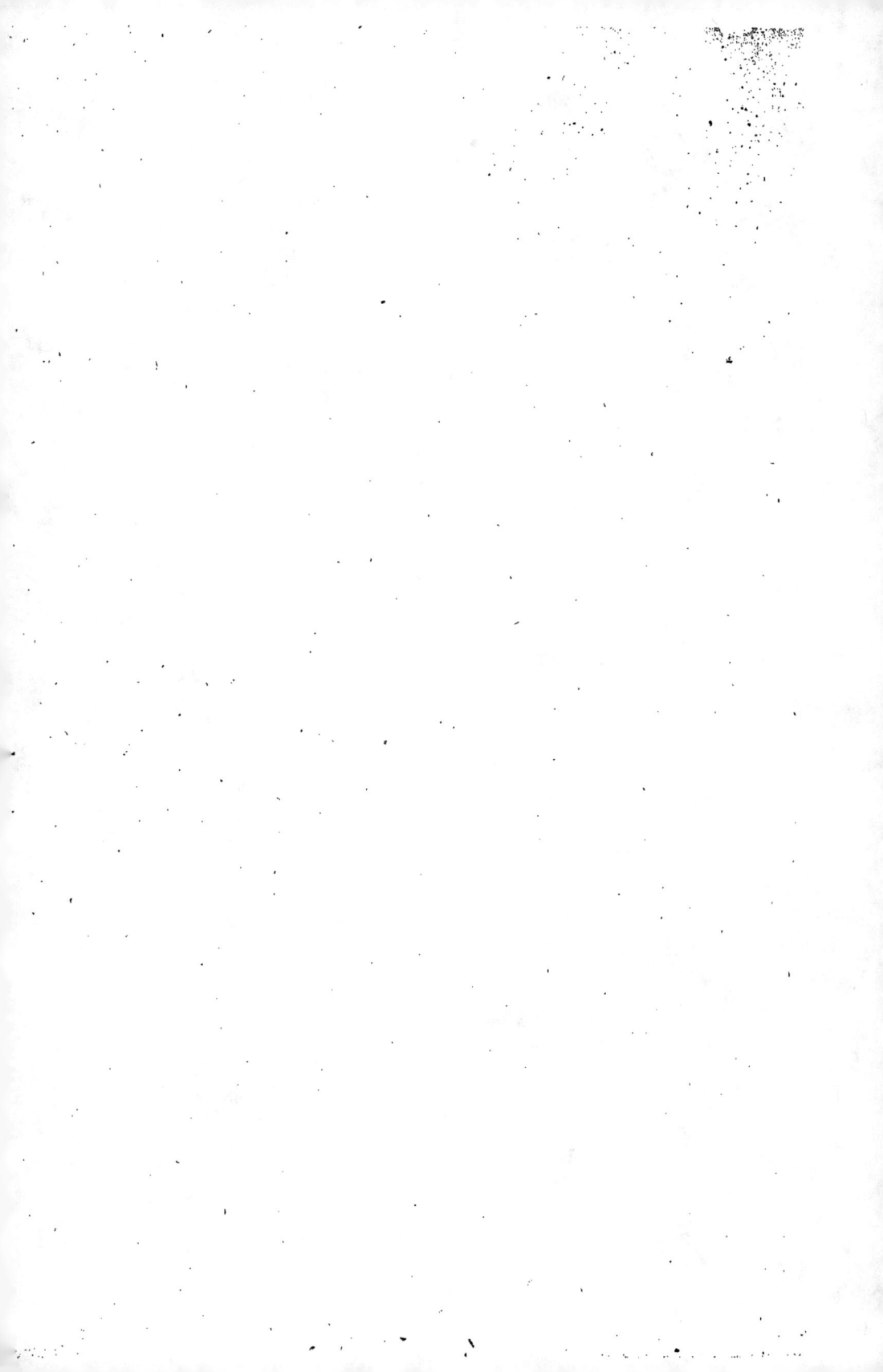

Te $^{69}_{237}$

COMPTE-RENDU

De cent quatre-vingt-cinq

OPÉRATIONS DE STRABISME,

PRATIQUÉES A NANCY

PAR

C. J. F. CARRON DU VILLARDS,

Docteur–Médecin, Oculiste et Directeur de l'Institut ophthalmique de
Paris, etc., etc.,

RECUEILLIES ET OBSERVÉES

PAR L. PAUL, D.-M.

Les faits bien observés sont la
seule puissance en crédit.

METZ.

CHEZ L'AUTEUR, RUE DE L'ESPLANADE, N° 8.

1842.

METZ, IMP. DE S. LAMORT.

COMPTE-RENDU

De cent quatre-vingt-cinq

OPÉRATIONS DE STRABISME,

Pratiquées à Nancy.

———◦———

La guérison du strabisme, au moyen d'une opération chirurgicale, est une vérité acquise à la science et à l'humanité, mais l'on aurait tort de croire, que les nombreux éloges donnés à cette opération, par les journaux de la capitale, aient produit chez les habitants de la province, les mêmes convictions que parmi le public de la capitale. C'est justement en raison de cet enthousiasme parisien, de ce luxe de représentation répandu par la presse salariée ou officieuse de l'époque, que les habitants des départements, se sont tenus encore en garde contre l'opération du strabisme. Cette défiance était presque universelle en Lorraine, grâce à d'imprudents essais et à des échecs, d'autant plus pris en considération, qu'ils avaient eu lieu sur des personnes très-connues et très-haut placées. On accusait l'opération, lorsqu'il ne fallait s'en prendre qu'à l'opérateur, et à l'imperfection de son procédé. Appelé à Nancy pour pratiquer quelques opérations importantes, le chirurgien oculaire, M. Carron du Villards, avait à lutter contre les fâcheuses préventions qu'avaient soulevées les tristes résultats obtenus par M. Baudens et quelques autres personnes.

Les faits bien établis pouvaient seuls détruire les fâcheuses préventions dont on entourait encore l'opération du strabisme: c'est donc par des faits authentiques que M. Carron a répondu aux détracteurs de la tenotomie oculaire. Il y a quelques mois nous écrivions les paroles suivantes : « Les masses ne croient point à la guérison radicale du strabisme, cela peut être possible, parce qu'elles ne sont point suffisamment éclairées sur la valeur de cette opération, mais qu'on les éclaire et elles y croiront. » On leur a fourni des preuves et elles ont cru : cent quatre-vingt-cinq opérations de strabisme pratiquées à Nancy, en moins de deux mois, justifient mon assertion. Un grand nombre de médecins qui avaient peu de confiance aux opérations pratiquées loin d'eux, sont aujourd'hui complètement rassurés sur leur valeur. Mais avant d'entreprendre le compte-rendu de ces cent-quatre-vingt-cinq opérations, nous devons faire connaître les efforts faits par M. Carron du Villards pour simplifier le mécanisme de cette opération : tandis que d'autres chirurgiens s'évertuaient à la rendre complexe, et surchargée d'un luxe d'instruments et d'aides, pour la plupart inutiles. Il faut au moins trois aides aux autres opérateurs, M. Carron du Villards n'en a besoin que d'un seul, et encore le premier venu peut-il remplir cette fonction.

Dans les premières opérations pratiquées par n'importe quelle méthode, l'assujétissement des paupières, était obtenu par le moyen de crochets mousses portant sur la face interne des paupières : tous les malades affirmaient, d'un commun accord, que l'application des crochets était plus douloureuse que l'opération elle-même : parce que, ou les aides pressaient trop sur les instruments contentifs, ou le malade, en faisant des efforts pour leur échapper, faisait trop brider les paupières, efforts presque toujours suivis d'infiltrations sanguines et d'échymoses. Depuis long-temps M. Carron du Villards a supprimé les crochets ; un petit cercle à ressort, qui se maintient par sa propre élasticité, remplit bien mieux le but désiré, et le débarrasse de deux aides. Quels que soient les mouvements faits par le malade, non-seulement il ne peut échapper à l'action de cet instrument, mais encore il lui est impossible d'en modifier l'effet.

Une autre condition importante de cette opération, que l'on doit encore à M. Carron du Villards, c'est d'avoir placé le malade dans une position telle, qu'il ne puisse faire aucun mouvement capable de gêner l'opérateur et de compromettre l'opération. On n'emploie pour cela ni lit, ni liens, ni aucun moyen de contention : il suffit seulement de faire asseoir le malade sur une chaise, et de lui faire poser les deux pieds sur une autre chaise de la même hauteur que celle sur laquelle il est assis. Privé de tout appui, le patient ne peut faire aucun mouvement de nature à compromettre son organe ou son opération.

Toutes les personnes opérées du strabisme s'accordent à reconnaître que cette opération est plus désagréable que douloureuse. Tous ceux qui l'ont subie pour un œil la subissent volontiers de nouveau, quand il est nécessaire d'opérer un second œil.

PROCÉDÉ OPÉRATOIRE. — Le malade étant placé sur deux chaises, comme nous l'avons dit plus haut, et les paupières étant fixées par un dilateur mobile et à ressort, M. Carron du Villards, au moyen d'une érigne très fine et d'une pince à dents de souris, forme un replis transversal à la conjonctive, qu'il ouvre d'un coup de ciseaux ou de bistouri ; mais il préfère les premiers instruments. Presque toujours, du premier coup, il arrive sur le muscle, qu'il soulève avec un crochet mousse, et qu'il incise, sans provoquer de perte de substance.

A peine ce muscle est-il incisé, que l'œil se redresse ; on porte le crochet une seconde fois, pour s'assurer qu'aucune de ses fibres n'a échappé ; on enlève le contentif et l'opération est terminée.

Comme l'on voit, M. Carron du Villards évite tout décollement et l'éraillement de la conjonctive ; il ne la taillade point comme Dieffembach et ses imitateurs, pratique presque toujours suivie d'accidents et de diverses difformités.

PANSEMENT ET TRAITEMENT CONSÉCUTIFS A L'OPÉRATION. — L'œil opéré est lavé avec de l'eau froide, puis recouvert d'une compresse imbibée du même liquide. Pendant les premières vingt-quatre heures, il faut baigner l'appareil, toujours avec de l'eau froide, sans le déranger de place. Après vingt-quatre heures, on enlève la compresse, pour en substituer une nouvelle qu'on change une ou deux fois dans la journée : la diète, le repos et quelques bains de pieds complètent le traitement. Rarement a-t-on besoin de recourir à la saignée, plus rarement encore à l'application des sangsues. Sur les cent quatre-vingt-cinq opérations dont j'ai parlé plus haut, une seule fois l'on a dû recourir à la saignée.

Quelques jours après l'opération, surtout quand on emploie le procédé de Dieffembach ou celui de Baudens (le plus incertain de tous), il se manifeste au grand angle de l'œil de petites végétations qu'il

faut cautériser à leur début, ou exciser quand elles
ont acquis une certaine dureté. Cette petite opération n'est nullement douloureuse.

Notre intention n'est pas de faire ici le parallèle
des diverses méthodes d'opérer le strabisme, encore moins de préconiser la supériorité du procédé
que nous venons de décrire. Nous nous bornerons
à extraire l'opinion suivante, d'un article très
intéressant, publié sur le strabisme, par le savant
et spirituel docteur Mutel, chirurgien-major du
52ᵉ régiment de ligne :

« Lorsque nous fîmes, il y a deux ans, le
» voyage de Paris, pour étudier le mouvement
» scientifique de notre époque, nous fûmes assez
» favorisé par les circonstances pour voir opérer
» un grand nombre de louches des deux sexes et
» de tout âge, par les strabotomistes les plus dis-
» tingués. Tous ne furent pas également heureux
» dans le choix de leur procédé opératoire ; mais
» nous ne citerons aucun d'eux en particulier.
» On a, dans ces derniers temps surtout, fait
» servir trop souvent, selon nous, les noms propres
» au scandale, en se retranchant derrière un pré-
» texte de franchise et de vérité.

» Parmi les procédés opératoires que nous avions
» examinés, nous avions déjà donné la préférence
» à celui de M. le docteur Carron du Villards ;

» mais, depuis huit jours que ce savant et habile
» ophthalmologiste est à Nancy, nous avons assisté
» de nouveau à toutes les opérations de strabisme
» qu'il a faites, tant chez lui qu'à l'infirmerie
» régimentaire du 52ᵉ de ligne, où nous lui avons
» confié quelques militaires atteints de strabisme,
» et nous nous sommes de plus en plus convaincu
» que nous avions fait un bon choix en adoptant
» son procédé opératoire : attendu qu'il simplifie
» le mécanisme de l'opération, et en assure l'entier
» succès en trente-six secondes ; en ce qu'il ne
» dépouille point la face interne de l'œil de la
» conjonctive qui le recouvre, et conséquemment
» qu'il n'altère point la conformation de l'angle
» interne de l'organe, qu'il dissimule les cicatrices
» sous les paupières, qu'il accélère la guérison,
» qu'il rend les bourgeons charnus excessivement
» rares, et qu'il oppose un obstacle aux diver-
» gences consécutives, tout en permettant de faire
» pour le redressement de l'œil tout ce que la
» prudence autorise. »

J'ai assisté M. Carron du Villards dans plus de
trois cents opérations de strabisme, et jamais je
n'ai vu d'accidents arriver pendant et après l'opération. Elle réussit quatre-vingt-quinze fois sur cent ;
que peut-on demander de plus ?

Maintenant, mettant de côté tout ce qui a rapport à la beauté du visage, à l'harmonie des traits de la face et du regard, considérons, les résultats de cette opération sous le rapport de l'imperfection des fonctions de l'organe, imperfection bien établie, par des tables statistiques et des observations desquelles il résulte que la plupart des strabiques voient très-mal de l'œil qui louche, que le strabisme soit convergent, divergent, rotatoire, ou dirigé en haut ou en bas.

L'opération fournit la preuve de ce que nous avançons ; car la plupart des trois cents personnes opérées ne pouvaient lire que les titres des journaux écrits en grosses lettres, et quelques jours après l'opération, souvent une heure après, elles lisaient sans peine les caractères du corps du journal. La persistance d'un strabisme convergent très-prononcé, entraîne presque toujours avec lui la déviation de la tête, et souvent le raccourcissement ou la contracture du muscle sterno-cléido-mastoïdien ; déviation qui nécessite plus tard elle-même une opération analogue à celle du strabisme, soit la section du muscle dévié. Nous avons surtout noté, à Nancy, des faits de redressement de la tête très-marqués. MM. Elie Baille, Deraucourt, Bour, Hutz, Willaume, avaient la tête tellement déviée, qu'il était question, chez plusieurs, de couper quelques faisceaux du muscle sus-nommé.

On aurait difficilement expliqué l'amélioration de la vision, si M. Carron du Villards n'avait rappelé les belles expériences de sir Heverard Home, sur les modifications diverses que la cornée subit sous l'influence des tractions des muscles oculo-moteurs.

Il résultait de ces expériences, prouvées par des formules algébriques :

1° Que la cornée est élastique, que, quand elle est étirée, elle peut s'alonger de 1/11 de son diamètre, et qu'abandonnée à elle-même elle revient à sa première grandeur ;

2° Que les tendons des quatre muscles droits de l'œil se continuent jusque sur les bords de la cornée, se terminent sur sa face externe, et par conséquent, leur action doit étendre ses bords ;

3° Que lorsque l'œil change son foyer, adapté à une grande distance, la figure de la cornée change visiblement et devient plus convexe, et que, quand l'œil est adapté à des rayons parallèles, le changement par lequel la cornée est renvoyée à son premier état est également visible.

Maintenant la contraction du muscle qui produit le strabisme, produisant un étirement de la cornée, il est facile d'expliquer comment la vue se trouve immédiatement modifiée après sa section.

D'un autre côté, il faut bien reconnaître que

l'œil, étant un instrument de dioptrique, il a besoin d'une rectitude complète pour agir convenablement ; la rétine joue aussi son rôle, mais il est moins grand qu'on ne le croit, puisque la vue revient immédiatement sans essai.

Toute cette théorie de sir Everard Home vient de recevoir la sanction de l'expérience, par l'application qu'on a faite de la section des muscles de l'œil au traitement de la myopie, opération que Taylor, célèbre oculiste anglais, avait déjà pratiquée en 1757 ; que MM. Guerin et Bonnet, de Lyon, viennent de remettre en honneur avec des succès non douteux.

Le nombre des opérés du strabisme s'élève à *cent quatre-vingt-cinq*, nombre énorme, si l'on veut bien se rappeler la répulsion presque générale que l'on avait à Nancy pour l'opération de la tenotomie oculaire. Il n'a fallu, pour obtenir ce résultat, que montrer une continuité non interrompue de réussites complètes. En effet, sur les 185 opérations, l'on peut garantir 175 succès absolus, 8 demi-succès, et 2 insuccès seulement. Jusqu'à ce jour, il n'y a pas eu de récidive, et nous nions toute possibilité *de récidive* si ce n'est, lorsque le muscle n'a pas été exactement et convenablement coupé. Sur le nombre total des opérations et sur trois individus seulement, l'on a été obligé de rechercher, le lendemain de l'opération, une petite fibre musculaire qui avait échappé à la section et qui empêchait une rectitude absolue. — Les deux insuccès se sont rencontrés sur une femme de 48 ans et sur un adulte indocile et qui n'a pas voulu laisser continuer l'opération. Le nombre 185 était composé de 100 femmes et de 85 hommes. Parmi les hommes, nous trouvons 5 soldats et sous-officiers du 52e de ligne, 3 séminaristes, 31 artisans adultes, 21 cultivateurs et 27 enfants au-dessus de sept ans; 8 de ces enfants appartenaient aux écoles primaires et à celles des R. Frères de la doctrine chrétienne, 11 enfants de la banlieue et 8 enfants en apprentissage chez divers artisans formaient le nombre total 27.

Les 100 femmes, âgées de dix à quarante-huit ans, doivent être classées dans l'ordre suivant : 3 provenaient de la maison des jeunes orphelines, 2 de l'hôpital de Toul, 3 de la congrégation des dames de la doctrine chrétienne, 4 des écoles chrétiennes, 27 de la campagne, 60 étaient des ouvrières de divers état. Parmi ces dernières, 4 étaient complétement privées de la vue de l'œil opéré, malgré cela l'opération les a débarrassées d'une difformité très mal supportée par les femmes. Sur le rapport du siége de la maladie, nous trouvons 89 strabismes convergents (ou en dedans) de l'œil droit, 50 siégeant sur l'œil gauche et convergents en dedans, 14 strabismes divergents (ou en dehors); et tous situés sur l'œil droit, enfin un double strabisme en dehors, le premier qu'ait observé M. Carron du Villards.

En tenant compte des causes productrices, nous avons reconnu 60 strabismes survenus dans les premiers mois de la vie et improprement appelés de naissance, 10 par imitation ou mauvaises habitudes de regarder, 40 par suite de convulsions provenant de la dentition ou de fièvre cérébrale, 73 à la suite d'ophthalmies longues et rebelles et presque toujours de nature scrofuleuse, 2 enfin par suite de chutes. Ainsi, comme on le voit, les ophthalmies scrofuleuses, rebelles ou imparfaitement combattues, sont une cause très-fréquente de strabisme. Sur le nombre total 80 ne pouvant pas lire, 73 ont recouvré cette faculté après l'opération.

Cent soixante parmi les opérés étaient indigents ou dans une position assez gênée pour ne pouvoir rétribuer l'opération qui leur a été gratuitement accordée.

Toutes les opérations ont eu pour témoins, des officiers de santé militaires, des chirurgiens et médecins, les plus réputés de la Meurthe, qui ont rivalisé de zèle et d'obligeance dans leur rapport avec M. Carron du Villards, et nous pouvons donner le défi, à qui que ce soit, d'en altérer l'exactitude.

Ainsi se justifie la valeur de l'épigraphe, mise en tête de ce travail : « Les faits bien observés sont » la seule puissance en crédit. »

GUIDE PRATIQUE

POUR L'ÉTUDE ET LE TRAITEMENT

DES MALADIES DES YEUX,

PAR

J.-F. CARRON DU VILLARDS,

Oculiste, docteur en médecine et en chirurgie, directeur de l'institut
ophthalmique de Paris, professeur d'ophthalmologie, etc.

2 VOL. IN 8° AVEC PLANCHES; PRIX: 16 FRANCS.

Cet ouvrage, dont toute la presse médicale a rendu un
compte si avantageux, est le travail le plus complet que
l'on possède, en France, sur les maladies des yeux. Nos
voisins d'outre-mer et d'outre-Rhin, si jaloux de leurs
connaissances en chirurgie oculaire, n'ont point hésité à
placer au premier rang cette nouvelle production de
M. Carron du Villards, et se sont empressés de la traduire.

A METZ, CHEZ L'AUTEUR, RUE DE L'ESPLANADE, N° 8.

RECHERCHES MÉDICO-CHIRURGICALES

SUR

L'OPÉRATION DE LA CATARACTE,

LES MOYENS DE LA RENDRE PLUS SURE,

SUR L'INUTILITÉ DES TRAITEMENTS MÉDICAUX POUR LA GUÉRIR SANS OPÉRATION,

PAR C.-J.-F. CARRON DU VILLARDS,

Chirurgien de l'Institut ophthalmique de Paris, élève de l'École spéciale
ophthalmologique de Pavie, membre de l'Académie royale des Sciences
de Turin, etc.

Deuxième édition, considérablement augmentée. — Prix: 7 francs.

Cette monographie n'existe dans la littérature d'aucun

pays. C'est donc un ouvrage entièrement neuf, accueilli partout avec faveur et traduit dans plusieurs langues. Le chevalier d'Ammon, un des plus grands chirurgiens de l'Allemagne, en a rendu un compte excessivement avantageux dans son journal de chirurgie et d'ophthalmologie.

www.ingramcontent.com/pod-product-compliance
Lightning Source LLC
Chambersburg PA
CBHW060714280326
41933CB00012B/2434